Sénèque le Jeune

De la vie heureuse

essai

ISBN : 978-1519795540

10 9 8 7 6 5 4 3 2 1

Sénèque le Jeune

De la vie heureuse

essai

Table de Matières

Chapitre I

Dans la vie, mon frère Gallion, c'est le bonheur, que veulent tous les hommes; mais s'agit-il de voir nettement en quoi consiste ce qui peut réaliser la vie heureuse, ils ont un nuage devant les yeux. Non certes, il n'est pas facile de parvenir à la vie heureuse; car chacun s'en éloigne d'autant plus, qu'il court plus rapidement après elle, s'il a manqué le chemin : quand le chemin conduit en sens contraire, la vitesse même augmente la distance. Il faut donc, avant tout, déterminer quel est pour nous l'objet à rechercher; ensuite, regarder de tous côtés par où nous pourrons y tendre avec le plus de célérité. Ce sera sur la route même, pourvu qu'elle soit droite, que nous saurons de combien chaque jour on avance, et de combien nous aurons approché de ce but, vers lequel nous pousse un désir propre à notre nature. Tant que nous errons çà et là, en suivant non pas un guide, mais un bruit confus et des cris discordants qui nous appellent vers différents points, la vie s'use en égarements, cette vie qui est courte, et qui le serait lors même que jour et nuit nous travaillerions pour le bien-être de l'esprit. D'après cela, qu'il soit décidé où nous allons et par où nous passerons, non sans l'assistance de quelque homme habile qui ait exploré les lieux vers lesquels nous marchons; car il n'en est pas de ce voyage comme des autres : dans ces derniers, un sentier que l'on a pris et les gens du pays, à qui l'on demande le chemin, ne permettent pas que l'on s'égare; mais ici le chemin le plus battu, et le plus fréquenté, est celui qui trompe le plus.

Rien donc n'est plus important pour nous, que de ne pas suivre, à la manière du bétail, la tête du troupeau, en passant, non par où il faut aller, mais par où l'on va. Or, il n'est chose au monde, qui nous jette dans de plus funestes embarras, que l'usage où nous sommes de nous façonner au gré de l'opinion, en regardant comme le mieux ce qui est reçu par un grand assentiment, et ce dont nous avons des exemples nombreux; c'est vivre, non suivant la raison, mais par imitation. De là, cet énorme entassement de gens qui se renversent les uns sur les autres. Comme il arrive dans un grand carnage d'hommes, quand la multitude se refoule sur elle-même, nul ne tombe sans faire tomber sur lui quelqu'autre qu'il entraîne, et les premiers causent la perte de ceux qui suivent : voilà ce que dans toute vie vous pouvez voir se passer. Nul ne s'égare pour lui seul, mais on est la cause et l'auteur de l'égarement d'autrui. Le mal vient de ce qu'on est serré contre ceux qui marchent devant. Tandis que chacun aime mieux croire que de juger, jamais on ne juge de la vie, toujours on en croit les autres. Ainsi nous ébranle et nous abat l'erreur transmise de main en main, et nous périssons victimes de l'exemple. Nous serons guéris, si une fois nous sommes séparés de la grande réunion. Quant à présent, le peuple tient ferme contre la raison; il défend sa maladie. Aussi arrive-t-il ce qui a lieu dans les comices, où, après l'élection des préteurs, ceux qui l'ont faite s'en étonnent, quand la mobile faveur s'est promenée autour de l'assemblée. Les mêmes choses, nous les approuvons, nous les blâmons. Tel est le résultat de tout jugement dans lequel c'est à la majorité que l'on prononce.

Chapitre II

Quand c'est de la vie heureuse qu'il s'agit, n'allez pas, comme lorsqu'on se partage pour aller aux voix, me répondre : « Ce côté-ci parait être plus nombreux. » Car, c'est à cause de cela qu'il est pire. Les choses humaines ne vont pas si bien, que ce qui vaut mieux plaise au plus grand nombre : la preuve du pire, c'est la foule. Examinons quelle action est la meilleure, et non pas quelle est la plus ordinaire; quel moyen peut nous mettre en possession d'une félicité permanente, et non pas quelle chose est approuvée par le vulgaire, le pire interprète de la vérité. Sous le nom de vulgaire, je comprends et les gens en chlamyde et les personnages couronnés ; car ce n'est pas à la couleur des étoffes dont on a vêtu les corps, que je regarde ; quand il est question de l'homme, je n'en crois pas mes yeux : j'ai une lumière meilleure et plus sûre pour discerner le vrai du faux. Le bien de l'âme, c'est à l'âme de le trouver. Si jamais elle a le temps de respirer et de rentrer en elle-même, oh combien, dans les tortures qu'elle se fera subir, elle s'avouera la vérité, et dira : « Tout ce que j'ai fait jusqu'à ce moment, j'aimerais mieux que cela ne fût pas fait : quand je réfléchis à tout ce que j'ai dit, je porte envie aux êtres muets; tout ce que j'ai souhaité, je le regarde comme une imprécation d'ennemis; tout ce que j'ai craint, grands dieux, combien c'était meilleur que ce que j'ai désiré! J'ai eu des inimitiés avec beaucoup d'hommes, et de la haine je suis revenue à la bonne intelligence, si toutefois elle peut exister entre les méchants; c'est de moi-même que je ne suis pas encore amie. J'ai apporté tous mes soins à me tirer de la foule et à me distinguer par quelque bonne qualité : qu'ai-je fait autre chose, que de me présenter aux traits, et d'offrir à la malveillance de quoi mordre ? » Voyez-vous ces gens qui vantent l'éloquence, qui escortent la richesse, qui flattent la faveur, qui exaltent le pouvoir ? Tous ils sont hostiles, ou, ce qui revient au même, ils peuvent l'être. Autant est nombreux le peuple des admirateurs, autant l'est celui des envieux.

Chapitre III

Quant à moi, je cherche plutôt quelque chose qui soit bon à l'user, que je sente, et non que j'étale aux yeux. Ces objets que l'on regarde, devant lesquels on s'arrête, que l'un tout ébahi montre à l'autre, au dehors ils brillent, au dedans ils sont misérables. Cherchons quelque chose qui soit, non pas bon en apparence, mais solide, égal, et d'autant plus beau, que l'on y pénètre plus avant. Voilà ce qu'il faut arracher du fonds qui le recèle; et ce n'est pas loin; on le trouvera; il faut seulement savoir, où porter la main. A présent, comme dans les ténèbres, nous passons au delà de ce qui est près de nous, heurtant contre cela même que nous désirons. Mais, pour ne pas vous traîner à travers des préambules, je passerai sous silence les opinions des autres; car il serait long, et de les énumérer, et de les réfuter : c'est la nôtre, que voici. Quand je dis la nôtre, je ne m'attache point à tel ou tel prince des stoïciens; et moi aussi, j'ai le droit d'opiner. En conséquence, avec l'un, je me rangerai de son avis; quant à l'autre, j'exigerai qu'il divise. Peut-être même, appelé à voter après tous, je ne désapprouverai rien de ce que les préopinants auront décidé, et je dirai : « Voici ce que je pense de plus. » Cependant, d'après ce qui est généralement reconnu parmi les stoïciens, c'est pour la nature des choses, que je me prononce. Ne pas s'en écarter, et se former sur sa loi, sur son modèle, c'est la sagesse. La vie heureuse est donc celle qui s'accorde avec sa nature; une telle vie, on ne peut l'obtenir, que si d'abord l'esprit est sain et continuellement en possession de sa bonne santé ; que si, de plus, il est énergique et ardent; s'il est doué des plus belles qualités, patient, propre à toutes circonstances, soigneux du corps qu'il habite et de ce qui s'y rapporte, mais pourtant sans minutieuses agitations; s'il veille aux autres choses de la vie, sans être ébloui d'aucunes; s'il sait user des présents de la fortune, sans jamais en être esclave. Vous comprenez, quand même je ne l'ajouterais pas, que de là résulte une continuelle tranquillité, la liberté, puisqu'on a banni tout ce qui vient à chaque instant nous irriter, nous faire peur. Car, au lieu des plaisirs, au lieu de ces jouissances qui sont petites et fragiles, et qui, dans le cours même des désordres, sont nuisibles, vient s'établir un contentement extraordinaire, inébranlable, et toujours égal : alors, entrent dans l'âme la paix et l'harmonie, et l'élévation avec la douceur. En effet, toute humeur farouche provient de faiblesse.

Chapitre IV

On peut encore décrire autrement notre bien, c'est-à-dire, énoncer la même opinion en des termes qui ne soient pas les mêmes. Voyez un corps d'armée : tantôt il est déployé sur un terrain spacieux, tantôt il est concentré dans un lieu étroit. Quelquefois, courbé par le milieu, il prend la forme d'un croissant; ou bien, se développant, il présente un front aligné : ce corps, quelle qu'en soit la disposition, a la même force, la même volonté de tenir pour la même cause. C'est ainsi que la description du souverain bien peut, ici être distribuée sur des points épars et s'étendre, là être resserrée et réduite dans ses bornes. Je puis également dire : « Le souverain bien est une âme qui méprise le hasard et dont la vertu fait la joie; ou si l'on veut, c'est une invincible force d'âme, appuyée sur la connaissance des choses, calme dans l'action, accompagnée de bienveillance pour les hommes en général et de soins pour ceux avec qui l'on vit. Il me plaît encore de le décrire, en disant que l'homme heureux est celui pour lequel il n'existe d'autre bien, ni d'autre mal, qu'une âme, ou bonne, ou mauvaise, celui qui pratique l'honnête, qui se renferme dans la vertu, que le hasard ne saurait ni élever ni abattre, qui ne connaît pas de plus grand bien que le bien qu'il peut se donner lui-même, l'homme pour lequel le vrai plaisir sera le mépris des plaisirs. Permis à vous, si vous aimez les digressions, de présenter le même objet sous des aspects différents, pourvu que le fond n'y perde rien. Qui nous empêche, en effet, de dire que la vie heureuse, c'est une âme libre, élevée, intrépide et inébranlable, placée hors de la portée, soit de la crainte, soit du désir, une âme pour laquelle l'unique bien est une conduite honnête, l'unique mal une conduite honteuse ? Tout le reste n'est qu'un vil ramas de choses, qui n'ôte rien à la vie heureuse, qui n'y ajoute rien, qui; sans accroître ni diminuer le souverain bien, peut venir et s'en aller. L'homme établi sur une telle base, il faut que, bon gré malgré, il ait pour compagnes une gaîté constante, une joie élevée qui vienne d'en haut, puisqu'elle se complaît dans ce qui lui est propre, sans rien désirer de plus grand que ce qu'elle a chez elle.

Pourquoi n'opposerait-il pas bien ce contrepoids aux mouvements faibles, inutiles, et variables, du corps chétif ? Le jour qu'il aura été inférieur au plaisir, il sera inférieur aussi à la douleur.

Chapitre V

D'un autre côté, vous voyez à quel misérable et pernicieux esclavage sera réduit l'homme que possèderont alternativement les plaisirs et les douleurs, ces maîtres les plus capricieux, les plus absolus, qu'il y ait au monde. Il faut donc prendre son essor vers la liberté; celle-ci, rien autre chose ne la donne, que l'indifférence pour la fortune. Alors naîtra cet inestimable bien, le calme d'un esprit placé dans un asile sûr, et sa haute élévation. Les terreurs étant bannies, il résultera de la connaissance du vrai une satisfaction grande et stable, puis l'accueil obligeant, puis l'épanchement de l'âme. A ces douceurs, elle trouvera des charmes, non pas comme à des biens, mais comme à des produits de son bien. Puisque j'ai commencé à procéder largement, je puis encore dire que l'homme heureux est celui qui ne désire rien, qui ne craint rien, grâce à la raison. On sait bien que les pierres aussi existent sans crainte ni tristesse, et qu'il en est de même des bêtes; cependant personne, en se fondant là-dessus, n'appellera heureux des êtres qui n'ont pas la faculté de comprendre le bonheur. Placez à ce même rang les hommes qu'a réduits à faire nombre parmi les bêtes et les brutes une nature émoussée pour le sentiment, ainsi que l'ignorance de soi-même. Nulle différence entre les premiers et ces dernières; car, chez celles-ci la raison n'existe pas, et chez ceux-là elle est dépravée, ardente à leur nuire, ingénieuse à les jeter dans l'erreur. Certes, le nom d'heureux ne peut être donné à l'homme qui est lancé hors de la vérité. Ainsi, la vie heureuse est celle qui a pour base un jugement droit et sûr, celle qui est immuable. Alors, en effet, l'esprit est net et affranchi de tous maux, puisqu'il a échappé, non seulement aux coups déchirants, mais encore aux légères atteintes, puisque toujours il tiendra ferme au point où il s'est arrêté, et défendra son poste, lors même que la fortune en courroux multiplierait ses attaques. Quant au plaisir, admettons qu'il se répande autour de nous en venant de tous côtés, qu'il s'infiltre par toutes les voies, qu'il flatte l'âme par ses douceurs, et que, des unes faisant naître les autres, il les amène pour solliciter et nous tout entiers et les portions de nous-mêmes. Malgré cela, quel mortel, s'il lui reste encore quelque chose de l'homme, voudrait, tant que durent le jour et la nuit, éprouver un chatouillement, voudrait, se détachant de l'âme, s'occuper du corps?

Chapitre VI

« Mais l'âme aussi, me dit l'épicurien, aura ses plaisirs. » Eh bien, soit, et qu'elle cède à la débauche, en arbitrant aussi les plaisirs; qu'elle se remplisse de tous ces objets qui ont coutume de charmer les sens; qu'ensuite elle reporte ses regards sur le passé; qu'éveillée par le souvenir des plaisirs dissolus, elle s'élance de ceux qui ont précédé, et que déjà elle plane sur ceux qui doivent suivre ; qu'elle range méthodiquement ses espérances, et que, le corps étant plongé dans les grossières jouissances du présent, l'âme, pendant ce temps-là dépêche ses pensées vers les jouissances de l'avenir. En cela elle me parait plus misérable, parce que prendre le mauvais au lieu du bon c'est folie. Or, d'un côté, sans la saine raison nul n'est heureux, et de l'autre, on n'est pas sain d'esprit, quand, au lieu des choses les meilleures, on recherche celles qui doivent nuire. L'homme heureux est donc celui qui a le jugement droit, celui qui se contente du présent, quel qu'il soit, et qui aime ce qu'il a. L'homme heureux est celui auquel la raison fait agréer toute situation de ses affaires. Ils voient, ceux-là même qui ont dit que le plaisir était le souverain bien, quelle honteuse place ils ont assignée à ce dernier.

C'est pourquoi ils nient que le plaisir puisse être détaché de la vertu, et ils affirment qu'il n'est point de vie honnête sans qu'elle soit agréable, point de vie agréable sans qu'elle soit en moine temps honnête. Je ne vois pas comment ces deux êtres disparates peuvent être réunis de force à une même attache. Quel motif, je vous le demande, pour que le plaisir ne puisse être séparé de la vertu? Assurément, c'est que tout principe de bien résulte de la vertu ; c'est des racines de celle-ci, que sortent les choses mêmes que vous aimez, et que vous recherchez avec ardeur.

Mais si le plaisir et la vertu étaient inséparables, nous ne verrions pas certaines choses être agréables, mais non honnêtes, et d'autres choses être fort honnêtes, mais pénibles et telles que c'est par les douleurs qu'il faut en venir à bout.

Chapitre VII

Joignez à cela, que le plaisir s'unit même à la vie la plus honteuse; au lieu que la vertu n'admet pas une mauvaise vie. De plus, certains hommes sont malheureux, non pas en l'absence du plaisir, mais à cause du plaisir même : et cela n'arriverait pas, si à la vertu s'était incorporé le plaisir, dont souvent elle manque, dont jamais elle n'a besoin. Pourquoi réunissez-vous des objets différents, et même opposés ? La vertu est quelque chose d'élevé, de sublime, de souverain, d'invincible, d'infatigable; le plaisir, quelque chose de rampant, de servile, d'énervé, de chancelant, dont le poste et la demeure sont les lieux de prostitution et les tavernes. La vertu, vous la trouverez dans le temple, dans le forum, dans le sénat, debout sur les remparts, couverte de poussière; elle a le teint hâlé, les mains calleuses; le plaisir, vous le verrez fuir de cachette en cachette, et chercher les ténèbres, aux environs des bains, des étuves, et des lieux qui redoutent. la présence de l'édile; le plaisir est mou, lâche, humecté de vin et de parfums, pâle ou fardé, et souillé des drogues de la toilette. Le souverain bien est immortel ; il ne sait pas cesser d'être; il n'éprouve ni la satiété, ni le repentir; car jamais un esprit droit ne se détourne : un tel esprit ne se prend pas en haine, et il n'a rien changé, parce qu'il a toujours suivi ce qu'il y a de meilleur. Au contraire le plaisir, alors qu'il charme le plus, s'éteint; il ne dispose pas d'un grand espace : aussi le remplit-il bientôt; il cause l'ennui, et après le premier essor, il est languissant. D'ailleurs ce n'est jamais une chose certaine, que celle dont la nature consiste dans le mouvement. D'après cela, il ne peut seulement pas y avoir de réalité pour ce qui vient et passe au plus vite, devant périr dans l'usage même de son être; car ce je ne sais quoi ne parvient en un point, que pour y cesser; et tandis qu'il commence, il tire à sa fin.

Chapitre VIII

Vient-on m'objecter que chez les bons, comme chez les méchants, le plaisir existe ? De leur côté, les gens infâmes ne se délectent pas moins dans leur turpitude, que les hommes honnêtes dans les belles actions. Voilà pourquoi les anciens ont prescrit de mener une vie très vertueuse, et non pas très agréable; ils entendent que, droite et bonne, la volonté ait le plaisir, non pour guide, mais pour compagnon. La nature, en effet, est le guide qu'il faut suivre; c'est elle, que la raison observe et consulte. C'est donc une même chose, que vivre heureux et vivre selon la nature. Ce que c'est, je vais le développer : cela consiste à conserver, avec soin et sans effroi, les avantages du corps, et ce qui convient à notre nature, comme choses données pour un jour et prêtes à fuir; à ne pas nous y soumettre en esclaves, et à ne pas nous laisser posséder par les objets étrangers; à reléguer tout ce qui plaît au corps, tout ce qui lui survient accidentellement, comme dans les camps on place à l'écart les auxiliaires et les troupes légères. Que ces objets soient des esclaves, et non des maîtres; c'est uniquement ainsi, qu'ils sont utiles à l'esprit. Que l'homme de coeur soit incorruptible en présence des choses du dehors, qu'il soit inexpugnable, et qu'il n'attache de prix, qu'à se posséder lui-même; que d'une âme confiante, que préparé à l'une et à l'autre fortune, il soit l'artisan de sa vie. Que chez lui la confiance n'existe pas sans le savoir, ni le savoir sans la fermeté; que ses résolutions tiennent, une fois qu'elles sont prises, et que dans ses décrets il n'y ait pas de rature. On comprend, quand même je ne l'ajouterais pas, qu'un tel homme sera posé, qu'il sera rangé, qu'en cela aussi, agissant avec aménité, il sera grand. Chez lui, la véritable raison sera greffée sur les sens; elle y puisera ses éléments ; et en effet, elle n'a pas d'autre point d'appui d'où elle s'élance, d'où elle prenne son essor vers la vérité, afin de revenir en elle-même. Le monde aussi, qui embrasse tout, ce dieu qui régit l'univers, tend à se répandre au dehors, et néanmoins de toutes parts il se ramène en soi pour s'y concentrer. Que notre esprit fasse de même, lorsqu'en suivant les sens qui lui sont propres, il se sera étendu par leur moyen vers les objets extérieurs; qu'il soit maître de ces objets et de lui; qu'alors, pour ainsi dire, il enchaîne le souverain bien. De là résultera une force, une puissance unique, d'accord avec elle-même; ainsi naîtra cette raison certaine, qui n'admet, ni contrariété, ni hésitation, dans ses jugements et dans ses conceptions, non plus que dans sa persuasion. Cette raison, lorsqu'elle s'est ajustée, accordée avec ses parties, et, pour ainsi dire, mise à l'unisson, a touché au souverain bien. En effet, il ne reste rien de tortueux, rien de glissant rien sur quoi elle puisse broncher ou chanceler. Elle fera tout de sa propre autorité : pour elle point d'accident inopiné; au contraire, toutes ses actions viendront à bien, avec aisance et promptitude, sans que l'agent tergiverse; car les retardements et l'hésitation dénotent le trouble et l'inconstance. Ainsi, vous pouvez hardiment déclarer que le souverain bien est l'harmonie de l'âme. En effet, les vertus seront nécessairement là où sera l'accord, où sera l'unité; la discordance est pour les vices.

Chapitre IX

« Mais vous aussi, me dit l'épicurien, vous ne rendez un culte à la vertu, que parce que vous en espérez quelque plaisir. » D'abord, si la vertu doit procurer le plaisir, il ne s'ensuit pas que ce, soit à cause de lui, qu'on la cherche; car ce n'est pas lui seul, qu'elle procure, c'est lui de plus. Ensuite, ce n'est pas pour lui, qu'elle travaille; mais son travail, quoiqu'il ait un autre but, atteindra encore celui-là. Dans un champ qu'on a labouré pour y faire du blé, quelques fleurs naissent parmi les grains, et cependant ce n'est pas pour cette petite plante, bien qu'elle charme les yeux, que l'on s'est donné tant de peine : c'était une autre chose que le semeur voulait; celle-là est venue de surcroît. De même aussi, le plaisir n'est pas la récompense, n'est pas le motif de la vertu, il en est l'accessoire; et ce n'est point à cause de ses charmes, qu'il est agréé de la vertu, c'est parce qu'elle l'agrée, qu'il a des charmes. Le souverain bien est dans le jugement même, et dans la disposition d'un esprit excellent; lorsque celui-ci a fermé le cercle de son enceinte, et s'est retranché dans ses propres limites, le souverain bien est complet, il ne lui faut rien de plus. En effet, il n'y a rien hors de ce qui forme le tout, pas plus qu'au delà de ce qui est la fin. Ainsi vous divaguez, quand vous me demandez quel est cet objet pour lequel j'aspire à la vertu; car vous cherchez un point au dessus du sommet. Vous me demandez ce que je veux obtenir de la vertu ? elle-même : car elle n'a rien de meilleur, étant elle-même son prix. Est-ce là peu de chose ? Lorsque je vous dis : le souverain bien est la fermeté d'une âme que rien ne peut briser, et sa prévoyance, et sa délicatesse, et sa bonne santé, et sa liberté, et son harmonie, et sa beauté, venez-vous encore demander quelque chose de plus grand, à quoi l'on puisse rattacher de tels attributs ? Pourquoi ne prononcez-vous pas le nom de plaisir ? C'est de l'homme, que je cherche le bien, et non du ventre, qui chez les bêtes et les brutes a plus de capacité.

Chapitre X

« Vous feignez, reprend l'adversaire, de ne pas entendre ce que je veux dire; car, moi, je nie que l'on puisse vivre agréablement, si tout à la fois on ne vit honnêtement : ce qui ne peut appartenir aux animaux muets, non plus qu'aux hommes qui mesurent leur bien sur la nourriture. C'est à haute voix, dis-je, et publiquement, que je l'atteste : non, cette vie que moi j'appelle agréable, ne peut, sans que la vertu y soit jointe, échoir en partage. » Mais qui ne sait que les hommes les plus remplis de vos plaisirs, ce sont les plus insensés ? que le dérèglement abonde en jouissances ? que l'âme elle-même suggère des genres de plaisir, non seulement dépravés, mais nombreux ? d'abord l'insolence, l'excessive estime de soi-même, l'enflure d'un homme qui s'élève au dessus des autres, l'amour aveugle et imprévoyant de ce que l'on possède; puis les délices de la mollesse, les tressaillements de la joie pour des sujets petits et puérils; ensuite le ton railleur, et l'orgueil qui se plaît à outrager, et la nonchalance, et le laisser-aller d'une âme indolente qui s'endort sur elle-même. Toutes ces choses, la vertu les dissipe; elle réveille par de rudes avertissements; elle évalue les plaisirs avant de les admettre; ceux qu'elle a trouvés de bon aloi, elle n'y met pas un grand prix (car elle ne fait que les admettre); et ce n'est pas d'en user, c'est de les tempérer, qu'elle fait sa joie. Votre tempérance, au contraire, puisqu'elle diminue les plaisirs, est une atteinte portée au souverain bien. Vous serrez le plaisir entre vos bras; moi, je le tiens en respect. Vous jouissez du plaisir; moi, j'en use. Vous pensez qu'il est le souverain bien; moi, je pense qu'il n'est pas même un bien. Vous faites tout pour le plaisir; et moi, rien. Quand je dis que je ne fais rien pour le plaisir, je veux parler de cet homme sage, auquel seul vous en accordez la possession.

Chapitre XI

Mais je n'appelle point sage l'homme au dessus duquel est placé quoi que ce soit, et à plus forte raison le plaisir. Une fois envahi par ce dernier, comment résistera-t-il à la fatigue, aux périls, à l'indigence, à tant de menaces qui grondent autour de la vie humaine ? Comment soutiendra-t-il l'aspect de la mort, l'aspect de la douleur, et les fracas de l'univers, et le choc de tant d'ennemis acharnés, lui qu'un si faible adversaire a vaincu ? Tout ce que le plaisir lui aura conseillé, il le fera. Eh ! ne voyez-vous pas combien le plaisir lui donnera de conseils ? » Il ne pourra, dites-vous, lui conseiller rien de honteux, parce qu'il est associé à la vertu. » Eh! ne voyez-vous pas, à votre tour, ce que c'est qu'un souverain bien qui a besoin d'un surveillant, pour être un bien ? De son côté, la vertu, comment régira-t-elle le plaisir qu'elle suit, puisque suivre est le rôle de ce qui obéit, et régir est le rôle de ce qui commande ? Vous placez en arrière ce qui a le commandement. Le bel emploi que la vertu obtient chez vous, celui de faire l'essai des plaisirs ! Mais nous verrons, si pour ces gens-là chez qui la vertu a été si outrageusement traitée, elle est encore la vertu ; elle ne peut conserver son nom, si elle a quitté sa place. En attendant, pour le sujet dont il s'agit, je montrerai beaucoup d'hommes qui sont assiégés par les plaisirs, d'hommes sur lesquels la fortune a répandu tous ses dons, et que vous êtes forcé d'avouer méchants. Regardez Nomentanus et Apicius, ces gens qui recherchent à grands frais ce qu'ils nomment les biens de la terre et de la mer, ces gens qui sur leur table passent en revue les animaux de tous les pays. Voyez-les contempler, du haut d'un lit de roses, l'attirail de leur gourmandise, charmer leurs oreilles par le son des voix, leurs yeux par des spectacles, leur palais par des saveurs exquises. Tout leur corps est chatouillé par des coussins doux et moelleux, et de peur que les narines, pendant ce temps-là, ne restent sans rien faire, on parfume d'odeurs variées le lieu même où c'est à la débauche, que l'on rend honneur, par un repas funèbre. Voilà des gens que vous direz être dans les plaisirs; et cependant ils ne seront pas bien, parce que ce n'est pas d'un bien qu'ils se réjouissent.

Chapitre XII

« Ils seront mal, dit l'épicurien : c'est parce qu'il survient beaucoup d'incidents qui bouleversent l'âme, et parce que des opinions opposées entre elles agiteront l'esprit. » Il en est ainsi, je l'accorde ; mais ces insensés eux-mêmes, bien que d'humeur fantasque, bien que placés sous le coup du repentir, n'en éprouvent pas moins de grands plaisirs. Il faut donc l'avouer, ils sont alors aussi loin de tout chagrin, que du bien-être de l'esprit ; et, comme il arrive à la plupart des fous, ils ont une folie gaie : c'est par le rire, que leur fureur éclate. Au contraire, les plaisirs des sages sont calmes et réservés, j'ai presque dit languissants ; ils sont concentrés; à peine les voiton. C'est que, d'un côté, ils viennent sans être invités, et de l'autre, quoiqu'ils se présentent d'eux-mêmes, on ne leur fait pas fête; on les accueille sans que leurs hôtes en témoignent aucune joie. Les sages, en effet, ne font que les mêler à la vie, que les y interposer, comme nous plaçons un jeu, un badinage, parmi les affaires sérieuses. Que l'on cesse donc de joindre ensemble des choses incompatibles, et d'envelopper le plaisir dans la vertu, par un vicieux assemblage, au moyen duquel on flatte les plus méchants. Cet homme qui est enfoncé dans les plaisirs, qui se traîne à terre, toujours ivre, comme il sait qu'il vit avec le plaisir, croit vivre aussi avec la vertu : car il entend dire que le plaisir ne peut pas être séparé de la vertu; puis il décore ses vices du nom de sagesse, et ce qu'il faut cadrer il en fait parade. Ce n'est pas en obéissant à l'impulsion d'Épicure, qu'ils sont ainsi débauchés; mais, abandonnés aux vices, ils cachent leur débauche dans le sein de la philosophie, et ils se portent en foule vers le lieu où ils entendent dire que l'on vante le plaisir. Ce n'est pas non plus le plaisir d'Épicure, qu'ils apprécient, puisque ce plaisir, tel qu'en vérité je le conçois, est sobre et austère ; c'est au nom seul, qu'ils accourent, cherchant pour leurs passions déréglées quelque puissante protection et quelque voile. Ainsi, le seul bien qu'ils eussent dans leurs maux, ils le perdent, je veux dire, la honte de mal faire. En effet, ils vantent ce dont ils rougissaient, et ils se font gloire du vice. C'est à cause de cela, qu'il n'est plus permis à la jeunesse, même de se relever, une fois qu'un titre honnête est venu s'unir à une honteuse nonchalance.

Chapitre XIII

Voici pourquoi cette manie de vanter le plaisir est pernicieuse : les préceptes honnêtes restent cachés dans l'ombre; le principe corrupteur se montre au grand jour. Oui, moi-même je le pense, et je le dirai malgré ceux de notre école, Épicure donne des préceptes purs et droits; si vous les considérez de plus près, ils sont tristes : car ce plaisir dont il parle est réduit à quelque chose de petit et de mince. La loi que nous imposons à la vertu, il l'impose, lui, au plaisir : il veut que celui-ci obéisse à la nature ; mais c'est peu pour la débauche, que ce qui pour la nature est assez. Qu'arrive-t-il donc ? Tel qui nomme bonheur un loisir nonchalant, et l'alternation des excès de table avec d'autres excès, cherche un bon garant pour une mauvaise cause.

Dès son entrée en ce lieu où l'attire un nom séduisant, il suit le plaisir, non pas celui dont il entend parler, mais celui qu'il a lui-même apporté. Sitôt qu'il commence à croire ses vices conformes aux préceptes, il s'y laisse aller, et ce n'est point avec timidité, ce n'est point en secret; il se plonge dans la débauche, à visage découvert. Ainsi, je ne dis pas, comme la plupart des nôtres, que la secte d'Épicure soit une école de désordres ; mais je dis : elle a mauvaise réputation, elle est diffamée, et elle ne le mérite pas. Cela, qui peut le savoir, à moins d'avoir pénétré plus avant dans l'intérieur ? Le frontispice précisément donne lieu à des bruits populaires, et invite à une coupable espérance. C'est comme si un homme de coeur était vêtu d'une robe de femme. Fidèle aux principes de la pudeur, vous maintenez les droits de la vérité ; votre corps n'admet aucune souillure; mais à la main vous avez un tambourin.

Que l'on choisisse donc un titre honnête, et une enseigne qui soit capable par elle-même d'exciter l'âme à repousser les vices, prompts à l'énerver dés qu'ils y ont accès. Quiconque s'est approché de la vertu a donné l'espérance d'un généreux caractère ; celui qui s'attache au plaisir se montre comme un être énervé, dissolu, qui déchoit de la dignité d'homme, et qui doit finir par tomber dans les deréglements honteux.- voilà ce qui l'attend, si quelqu'un ne lui a pas établi, entre les plaisirs, une distinction telle, qu'il sache lesquels s'arrêtent dans les limites du désir propre à notre nature, lesquels sont emportés vers l'abîme, ne connaissent pas de bornes, et deviennent, à mesure qu'on les rassasie, d'autant plus insatiables. Eh bien donc ! que la vertu marche devant; il y aura sûreté partout sur sa trace. Le plaisir nuit, s'il est excessif; dans la vertu, nul sujet de craindre aucun excès, parce qu'en elle précisément se trouve la juste mesure. Non, ce n'est pas un bien, que ce qui souffre de sa propre grandeur.

Chapitre XIV

D'ailleurs, c'est une nature raisonnable, que vous avez en partage. Quoi de meilleur à mettre en première ligne, que la raison ? Enfin, si l'on veut cet assemblage, si l'on veut aller à la vie heureuse en cette compagnie, que la vertu marche devant, que le plaisir l'accompagne, et qu'autour du corps il tournoie comme une ombre. Mais la vertu, la plus excellente de toutes les choses, la donner au plaisir pour servante, c'est d'un esprit qui ne conçoit rien de grand. Que la vertu soit la première, qu'elle porte l'étendard; nous aurons néanmoins le plaisir, mais nous en serons les maîtres et les modérateurs : il obtiendra quelque chose de nous par prière, il n'aura rien par force. Ceux, au contraire, qui ont livré au plaisir la tête du camp, sont privés de l'un et de l'autre; car ils perdent la vertu, et d'ailleurs, ce ne sont point eux qui possèdent le plaisir, c'est le plaisir qui les possède. S'il manque, ils sont dans les tortures; s'il abonde, ils étouffent; malheureux s'ils en sont délaissés, plus malheureux s'ils en sont accablés ! Semblables à ces navigateurs qui se trouvent surpris dans la mer des Syrtes, tantôt ils restent à sec, tantôt, emportés par les torrents de l'onde, ils flottent au gré des vagues. La cause de cela, c'est une excessive intempérance, un amour aveugle des richesses ; car, pour qui recherche le mal au lieu du bien, il est dangereux d'atteindre au but. Quand nous chassons les bêtes sauvages, c'est avec fatigue et danger; lors même qu'elles sont prises, la possession en est inquiète : souvent, en effet, elles déchirent leurs maîtres. De même, les hommes qui ont de grands plaisirs en sont venus à un grand mal, et les plaisirs qu'ils ont pris ont fini par les prendre. Plus les plaisirs sont nombreux et grands, plus il est un chétif esclave, et plus il a de maîtres, cet homme que le vulgaire appelle heureux. Restons encore dans la même figure : celui qui va cherchant les tanières des bêtes, et qui met beaucoup de prix à les prendre dans ses toiles, à cerner de ses chiens les vastes forêts, celui-là, pour se précipiter sur les traces d'une proie, abandonne des objets préférables, et renonce à des devoirs multipliés; de même, celui qui court après le plaisir rejette en arrière tout le reste : ce qu'il néglige d'abord, c'est la liberté; il la sacrifie à son ventre, et il n'achète pas les plaisirs pour se les approprier, mais il se vend aux plaisirs

Chapitre XV

Cependant, me dit l'épicurien, qui empêche que la vertu et le plaisir ne soient incorporés ensemble, et que l'on ne compose le souverain bien de telle manière, qu'il soit à la fois l'honnête et l'agréable ? C'est qu'il ne peut exister une partie de l'honnête, qui ne soit l'honnête ; c'est que le souverain bien ne sera pas dans toute sa pureté, s'il voit en lui quelque chose qui diffère de ce qui est meilleur. Le contentement même qui provient de la vertu, quoiqu'il soit un bien, n'est pourtant pas une partie du bien absolu, pas plus que la joie et la tranquillité, quoiqu'elles naissent des plus beaux motifs. En effet, ce sont des biens, mais des conséquences, et non pas des compléments, du souverain bien. Quant à l'homme qui associe le plaisir avec la vertu, et qui ne leur donne pas même des droits égaux, par la fragilité de l'un dés biens il énerve tout ce qu'il y a de vigueur dans l'autre; cette liberté, qui n'est invaincue, que si elle ne connaît rien d'un plus grand prix qu'elle-même, il la met sous le joug. Dès lors, ce qui est le plus dur esclavage, il commence à avoir besoin de la fortune; vient ensuite la vie inquiète, soupçon-neuse, pleine d'alarmes, effrayée des mésaventures, suspendue au trébuchet des circonstances. Vous ne donnez pas à la vertu une base fixe, inébranlable, mais vous exigez que sur un pivot tournant elle se tienne ferme. Or, quoi de si prompt à tourner, que l'attente des caprices de la fortune que la variabilité du corps et des choses qui l'affectent ? Comment peut-il obéir à Dieu, bien prendre tout ce qui arrive, ne pas se plaindre de la destinée, interpréter favo-rablement ses mésaventures, celui qui, aux moindres piqûres des plaisirs et des douleurs, est dans l'agitation ? Loin de cela, il n'est pas même en état de défendre sa patrie ou de la venger, non plus que de combattre pour ses amis, s'il penche vers les plaisirs.

Que le souverain bien s'élève donc à une hauteur telle, qu'il n'en soit arraché par aucune force, à une hauteur où il n'y ait accès ni pour la douleur, ni pour l'espérance, ni pour la crainte, ni pour aucune chose qui puisse altérer le droit du Souverain bien. S'élever si haut, la vertu seule en est capable : c'est de son pas, qu'une telle montée doit être gravie; c'est elle, qui se tiendra ferme, qui sup-portera tous les évènements, non seulement avec patience, mais encore de bon gré : elle saura que toute difficulté des temps est une loi de la nature. Comme un bon soldat supportera les bles-sures, comptera les cicatrices, et, transpercé de traits, en mourant aimera le général pour lequel il succombera, de même, la vertu aura dans l'âme ce vieux précepte : Suis Dieu. Mais tout soldat qui se plaint, qui pleure, qui gémit, est contraint par la force à faire ce qui est commandé; s'il marche à contre cœur, il n'en est pas moins enlevé pour l'exécution des ordres. Or, quelle déraison y a-t-il à se faire traîner plutôt que de suivre ? La même, en vérité, que si, par folie et par ignorance de notre condition, vous allez vous affliger de ce qu'il vous arrive quelque chose de pénible, ou vous étonner, ou vous indigner, de ces accidents qu'éprouvent les bons comme les méchants, je veux dire, des maladies, des trépas, des infirmités, et des autres évènements qui viennent assaillir la vie humaine. Tout ce qu'il faut souffrir d'après la constitution de l'univers, qu'un grand effort l'arrache de l'âme. Voici le serment par lequel nous avons été engagés : supporter la condition de mortel, et ne pas être troublé par les choses qu'il n'est pas en notre pouvoir d'éviter. C'est dans un royaume, que nous sommes nés : obéir à Dieu, voilà notre liberté.

Chapitre XVI

Ainsi donc, c'est dans la vertu, qu'est placé le vrai bonheur. Mais que vous conseillera-t-elle ? De ne regarder comme un bien, ou comme un mal rien de ce qui ne résultera ni de vertu, ni de méchanceté ; ensuite, d'être inébranlable, même en face d'un mal provenant du bien; enfin, autant que cela est permis, de représenter Dieu. Et pour une telle entreprise, quels avantages vous sont promis ? Ils sont grands, ils égalent ceux de la Divinité. Vous ne serez forcé à rien, vous ne manquerez de rien ; vous serez libre, en sûreté, à l'abri de tout dommage; vous ne tenterez rien en vain; rien ne vous sera défendu, tout vous réussira selon votre pensée; il ne vous arrivera rien qui soit un revers, rien qui contrarie votre opinion et votre volonté. Qu'est-ce à dire ? La vertu suffit-elle donc pour vivre heureux ? Parfaite et, divine qu'elle est, pourquoi n'y suffirait-elle pas ? elle a même plus qu'il ne faut. En effet, que peut-il manquer à l'homme placé hors du désir de toutes choses ? Qu'a-t-il besoin de chercher à l'extérieur, celui qui a rassemblé en lui-même tout ce qui lui est propre ? Mais celui qui s'efforce de marcher à la vertu, lors même qu'il a beaucoup avancé, a cependant besoin de quelque indulgence de la fortune, étant encore engagé dans une lutte parmi les choses humaines, tandis qu'il défait ce noeud et tout lien mortel. Quelle différence y a-t-il donc ? C'est que les uns sont attachés, les autres enchaînés, d'autres même garrottés. Celui qui par degrés s'est approché de la région supérieure, et s'est élevé plus haut que les autres, traîne une chaîne lâche, n'étant pas encore libre, et cependant ayant déjà un air de liberté.

Chapitre XVII

Si donc quelqu'un de ces gens qui aboient contre la philosophie s'en vient dire, selon leur coutume :

« Pourquoi parles-tu plus courageusement que tu ne vis ? Pourquoi baisses-tu le ton devant un supérieur, et regardes-tu l'argent comme un meuble qui te soit nécessaire, et te troubles-tu pour un dommage, et laisses-tu couler des larmes en apprenant la mort d'une épouse ou d'un ami, et tiens-tu à la réputation, et te montres-tu sensible aux discours malins ? Pourquoi possèdes-tu une campagne plus soignée que ne le demande l'usage prescrit par la nature ? Pourquoi n'est-ce pas selon ton ordonnance, que tu soupes ? D'où vient que tu as un mobilier plus brillant que ta loi ne l'admet ? D'où vient que chez toi l'on boit du vin plus vieux que toi ? D'où vient que l'on arrange ta maison, et que l'on plante des arbres destinés à ne donner que de l'ombre ? Pourquoi ton épouse porte-t-elle à ses oreilles le revenu d'une opulente famille ? Pourquoi tes jeunes esclaves ont-ils des tuniques retroussées, d'une étoffe précieuse ? Pourquoi est-ce un art, chez toi, que de servir à table ? Car ton argenterie n'est pas mise en place étourdiment et au gré du caprice, mais elle est habilement soignée.

Pourquoi y a-t-il un maître en l'art de découper les viandes ? » Ajoute, si tu veux : pourquoi tes domaines d'outre-mer ? Pourquoi as-tu plus de possessions, que tu n'en connais ? C'est une honte, que tu sois, ou négligent au point de ne pas connaître des esclaves en petit nombre, ou fastueux au point d'en avoir trop pour que la mémoire suffise à en conserver la connaissance.

Je t'aiderai tout à l'heure. Des reproches injurieux, je m'en ferai plus que ne t'en suggère ta pensée. Quant à présent, voici ce que je te répondrai : Je ne suis point sage ; et même, pour donner pâture à ta malveillance, je ne le serai point. Ainsi, j'exige de moi, non pas d'être égal aux plus vertueux, mais d'être meilleur que les méchants; il me suffit de pouvoir chaque jour retrancher quelque chose de mes vices, et gourmander mes erreurs. Je ne suis point

parvenu à la santé, je n'y parviendrai même pas ; ce sont des cal-
mants, plutôt que des moyens de guérison, que j'applique sur ma
goutte, satisfait si elle revient plus rarement, si elle ronge moins
fort. En comparaison de votre allure, impotents que vous êtes, je
suis un coureur.

Chapitre XVIII

Et cela, ce n'est pas pour moi, que je le dis; car, moi, je suis dans
l'abîme de tous les vices ; mais c'est pour celui au profit duquel il y
a quelque chose de fait. « Tu parles, dit-on, d'une manière, et tu vis
d'une autre. » Ce reproche, esprits pleins de malignité, ennemis ju-
rés de tout homme excellent, il est fait à Platon, fait à Épicure, fait à
Zénon; car, tous ces philosophes disaient, non pas comment ils vi-
vaient eux-mêmes, mais comment il fallait vivre. C'est de la vertu,
non pas de moi, que je parle; et quand j'éclate contre les vices, c'est
d'abord contre les miens. Quand je le pourrai, je vivrai comme il
faut vivre. Non, cette malignité, que vous colorez à force de poison,
ne me détournera point de ce qui vaut le mieux; ce venin même
dont vous arrosez les autres, et qui vous tue, ne m'empêchera point
de persister à faire l'éloge de la vie, non pas que je mène, mais que
je sais qu'il faut mener. Je n'en veux pas moins adorer la vertu, et,
me traînant sur ses pas à une grande distance, essayer de la suivre.
J'attendrai donc qu'il existe quelque chose d'inviolable pour cette
malveillance qui ne respecta ni Rutilius, ni Caton. Pourquoi n'y
aurait-il pas quelqu'un aussi de trop riche, aux yeux de ceux pour
lesquels Demetrius le Cynique est moins pauvre qu'il ne faut ? Cet
homme plein d'énergie, qui lutte contre toutes les exigences de la
nature, et qui est plus pauvre que tous les autres cyniques, en ce
que, ces derniers s'étant interdits de posséder, lui, il s'est interdit
même de demander, eh bien ! au dire de ces gens-là, il n'est pas assez indigent : car, voyez-vous ? Ce n'est pas la doctrine de la vertu,
c'est la doctrine de l'indigence, qu'il a professée.

Chapitre XIX

Diodore, philosophe épicurien, qui dans ces derniers temps a terminé sa vie de sa propre main, les mêmes gens nient que ce soit d'après un arrêt d'Épicure qu'il ait agi en se coupant la gorge : les uns veulent que dans cette action du philosophe on voie une extravagance ; les autres, qu'on y voie une témérité. Lui, cependant, heureux et plein du sentiment d'une bonne conscience, il s'est rendu témoignage en sortant de la vie ; il a vanté le calme de ses jours passés dans le port et à l'ancre. Il a dit - et pourquoi, vous autres, l'avez-vous entendu à contre coeur, comme si vous deviez en faire autant ? - il a dit : « J'ai vécu, et la carrière que m'avait donnée la fortune, je l'ai achevée. »

Sur la vie de l'un, sur la mort de l'autre, vous disputez ; et au seul nom d'hommes qui sont grands à cause de quelque mérite éminent, vous, comme font de petits chiens à la rencontre de personnes qu'ils ne connaissent pas, vous aboyez : c'est qu'il est de votre intérêt, que nul ne paraisse bon. Il semble que la vertu d'autrui soit une censure de vos méfaits. Malgré vous-mêmes, vous comparez ce qui a de l'éclat, avec vos souillures, et vous ne comprenez pas combien c'est à votre détriment, que vous avez cette hardiesse. Si, en effet, ces hommes qui s'attachent à la vertu sont avares, libertins et ambitieux, qu'êtes-vous donc, vous à qui le nom même de la vertu est odieux ? Vous niez qu'on voie aucun d'eux faire ce qu'il dit, et régler sa vie sur ses discours ? A cela quoi d'étonnant, puisqu'ils disent des choses d'une vigueur, d'une élévation, extraordinaires, des choses qui échappent à tous les orages de l'humanité ? Puisqu'ils s'efforcent de s'arracher à des croix dans lesquelles chacun de vous enfonce lui-même les clous qui le fixent ? Réduits pourtant à subir le supplice, ils restent suspendus chacun à un seul poteau. Pour ceux-là qui se punissent eux-mêmes, autant ils ont de passions, autant ils ont de croix qui les disloquent. Encore médisants, pour outrager les autres ils sont badins. Je croirais que pour eux c'est un loisir, si de certaines gens, du haut d'un gibet, ne crachaient sur les spectateurs.

Chapitre XX

Les philosophes ne font pas ce qu'ils disent ? Ils font cependant beaucoup, par cela seul qu'ils disent, et que leur esprit conçoit des idées honnêtes; car, si leurs actions aussi étaient au niveau de leurs discours, qu'y aurait-il de plus heureux que les philosophes ? En attendant, il n'y a pas lieu de mépriser de bonnes paroles et des coeurs pleins de bonnes pensées. Se livrer à des études salutaires, même sans un résultat complet, c'est un louable travail. Est-il surprenant qu'ils ne montent pas haut, ayant entrepris de gravir des pentes escarpées ? Admirez plutôt, lors même qu'ils tombent, des gens de coeur qui font de grands efforts.

C'est une noble chose, qu'un homme veuille en consultant, non par ses forces, mais celles de sa nature, s'élever haut, s'y essaie, et conçoive en son esprit des projets trop grands pour que ceux-là même qui sont doués d'une âme extraordinaire puissent les effectuer.

Un tel homme, voici la résolution qu'il a prise: « Moi, j'entendrai mon arrêt de mort, du même air que je prononcerai, que je verrai exécuter, celui d'un criminel ; les travaux, quelque grands qu'ils puissent être, moi je m'y soumettrai, étayant le corps par l'âme. Les richesses, soit présentes, soit absentes, moi je les mépriserai, sans être plus triste, si quelque part elles gisent inutiles, ni plus présomptueux, si autour de moi elles brillent. La fortune, je ne serai sensible, moi, ni à son arrivée, ni à sa retraite; moi, je regarderai toutes les terres comme m'appartenant; et les miennes comme appartenant à tous; moi, le vivrai comme sachant que je suis né pour les autres, et c'est à la nature des choses, que j'en rendrai grâces. Comment, en effet, pouvait-elle mieux arranger mes affaires ? Elle a donné, moi seul à tous, et tous à moi seul. Ce, que j'aurai, quoi que ce soit, je ne veux ni le garder en avare, ni le répandre en prodigue. Rien ne me semblera mieux en ma possession, que ce que j'aurai bien donné. Ce ne sera ni par le nombre, ni par le poids, que je mesurerai les bienfaits; ce sera toujours en évaluant celui qui les recevra. Jamais, pour moi, un don ne sera beaucoup, étant reçu par qui l'aura mérité. Rien pour l'opinion, tout pour la conscience, dans mes actions. Je croirai avoir le public pour témoin de tout ce que je ferai, moi le sachant. Dans l'action de manger et de boire, mon but sera d'apaiser les exigences de la nature, non de remplir le ventre et de le vider. Moi, gracieux pour mes amis, doux et facile pour mes ennemis, je serai fléchi avant d'être prié; je courrai au devant des demandes honnêtes. Je saurai que ma patrie, c'est le monde; que mes protecteurs, ce sont les dieux, qu'ils se tiennent au dessus et autour de moi, censeurs de mes actions et de mes discours. En quelque moment que la nature vienne à redemander le souffle qui m'anime, ou que la raison vienne à le répudier, je m'en irai après avoir prouvé par témoins que j'aimai la bonne conscience et les études vertueuses, que je ne contribuai à diminuer la liberté de personne, et que nul ne diminua la mienne. »

Chapitre XXI

Celui qui annoncera l'intention d'agir ainsi, qui le voudra, qui le tentera, c'est vers les dieux, qu'il dirigera sa marche. Certes, lors même qu'il ne l'aura pas soutenue, il ne tombera pourtant qu'après avoir osé prendre un grand essor. Vous autres, qui haïssez la vertu et son adorateur, vous ne faites rien de nouveau : On sait que les yeux malades redoutent le soleil : on voit se détourner de l'éclat du jour les animaux nocturnes, qui, à ses premiers rayons, sont frappés de stupeur, et vont çà et là s'enfoncer dans leurs retraites, se cacher dans quelques trous, parce qu'ils ont peur de la lumière. Hurlez, exercez votre malheureuse langue à outrager les gens de bien; poursuivez de près; mordez, tous à la fois ; vous briserez vos dents beaucoup plutôt que vous ne les imprimerez. «Pourquoi celui-là est-il plein d'ardeur pour la philosophie, et vit-il en homme si opulent ? Pourquoi dit-il qu'on doit mépriser les richesses, et en a-t-il ? La vie doit être méprisée, suivant son opinion, et cependant il vit; la santé doit être méprisée, et cependant il la ménage avec le plus grand soin : c'est la meilleure, qu'il veut de préférence. L'exil aussi n'est, à l'entendre, qu'un vain nom, et il dit :

Quel mal est-ce, en effet, que de changer de pays ? Mais pourtant, si faire se peut, il vieillit dans sa patrie. Le même décide qu'entre un temps plus long et un temps plus court, il n'y a nulle différence; cependant, si rien ne l'en empêche, il prolonge ses jours, et, dans une vieillesse avancée, il conserve paisiblement sa verdeur.»

Oui sans doute, il dit que ces choses-là doivent être méprisées : ce n'est point pour ne les avoir pas, c'est pour ne pas les avoir avec inquiétude. Il ne les chasse pas loin de lui ; mais pendant qu'elles s'en vont, il les suit par derrière avec sécurité. Et, en vérité, où la fortune déposera-t-elle plus sûrement les richesses, que dans un lieu d'où elle doit les retirer sans que se plaigne celui qui les rendra ? M. Caton, lorsqu'il vantait Curius et Coruncanius, et ce siècle dans lequel c'était un motif de censure publique, que d'avoir quelques petites lames d'argent, possédait lui-même quarante millions de sesterces. Il en avait moins sans doute que Crassus, et cependant plus que Caton, l'ancien censeur. Si nous les comparons entre eux, Marcus Caton avait plus dépassé son bisaïeul, qu'il ne serait dépassé par Crassus; et pourtant, s'il était échu au premier de plus grandes possessions, il ne les aurait pas rejetées : car le sage ne se croit indigne d'aucun présent de la fortune.

Il n'aime pas les richesses, mais il s'en arrange mieux; ce n'est point dans son âme, c'est dans sa maison, qu'il les admet ; il ne repousse pas celles qu'il possède, mais il les héberge en maître, et il veut qu'une matière plus ample soit fournie à sa vertu.

Chapitre XXII

Comment douter que, pour un homme sage, il y ait plus ample matière à déployer son âme dans les richesses, que dans la pauvreté ? Celle-ci, en effet, comporte un seul genre de vertu : c'est de ne pas plier, de ne pas être abaissé; mais, dans les richesses, la tempérance, la libéralité, l'exactitude, l'économie, la magnificence ont toutes le champ libre. Le sage ne se méprisera point, fût-il même de la moindre taille, il voudra cependant être grand ; quoique fluet et privé d'un oeil, il se portera bien : il aimera cependant mieux avoir la force de corps. Sur ces objets aussi, la pensée du sage sera celle d'un homme qui sait bien qu'en lui se trouve autre chose de mieux constitué ; il supportera la mauvaise santé : s'il a le choix, il préférera la bonne. En effet, certains accessoires, quoique petits relativement à l'ensemble, et si petits qu'on pourrait les retrancher sans détruire le bien principal, ajoutent cependant à cette joie continuelle qui naît de la vertu. L'impression que les richesses produisent sur le sage, en l'égayant, est la même que fait sur le navigateur un bon vent qui le pousse, la même que fait un beau jour, et que fait en hiver, pendant les froids, un lieu exposé au soleil.

Or, quel sage, des nôtres je veux dire, pour lesquels l'unique bien c'est la vertu, quel sage nie que ces choses même, qui chez nous sont nommées indifférentes, aient en elles quelque prix, et que les unes soient préférables aux autres ? A certaines d'entre elles, on accorde un peu d'estime ; à certaines autres, on en accorde beaucoup. Ne vous y trompez donc pas, au nombre des choses préférables se trouvent les richesses. « Mais, dites-vous, pourquoi donc me tournez-vous en ridicule, puisque les richesses occupent chez vous la même place que chez moi ? » Voulez-vous savoir combien il s'en faut qu'elles n'occupent la même place ? A moi, les richesses, si elles s'écoulent, ne m'ôteront rien qu'elles-mêmes. Vous, frappé de stupeur, vous semblerez vous survivre et vous manquer tout à la fois, si elles se retirent d'auprès de vous. Chez moi, les richesses ont une place; chez vous, elles ont. la première ; enfin, les richesses m'appartiennent, et vous appartenez aux richesses.

Chapitre XXIII

Cessez donc d'interdire l'argent aux philosophes ; jamais la sagesse ne fut condamnée à la pauvreté.

Oui, le philosophe aura d'amples richesses, mais elles ne seront ni dérobées à qui que ce soit, ni souillées du sang d'autrui : il aura des richesses acquises sans que nul en ait souffert, sans honteux profits, des richesses qui sortiront de chez lui aussi honnêtement qu'elles y, seront entrées, qui ne feront gémir personne, si ce n'est l'envieux. Tant que bon vous semble, grossissez-en le monceau; elles sont honnêtes : bien qu'il s'y trouve beaucoup d'objets dont tout homme voudrait se dire propriétaire, il ne s'y rencontre rien que personne puisse dire sa propriété. Quant au philosophe, il n'écartera point de lui l'obligeance de la fortune, et, possesseur d'un patrimoine amassé par des moyens honnêtes, il n'aura l'idée, ni de s'en glorifier, ni d'en rougir.

Il aura cependant encore sujet de se glorifier, si, ayant ouvert sa maison, ayant admis le corps entier des citoyens à pénétrer dans ses affaires, il peut dire : «Ce que chacun aura reconnu pour être à lui, qu'il l'emporte».

Oh! le grand homme, le riche par excellence, si le fait est d'accord avec de telles paroles, si, après les avoir prononcées, il possède encore autant, je veux dire, s'il a pu en toute sûreté offrir au public de fouiller, si personne n'a rien trouvé chez lui sur quoi mettre la main! C'est hardiment, c'est avec publicité, qu'il sera riche. De même que le sage ne laissera passer le seuil de sa porte à nul denier qui entre mal, de grandes richesses, présent de la fortune, fruit de la vertu, ne seront par lui, ni refusées, ni exclues. Et quel motif aurait-il de leur faire tort d'un bon gîte ? Qu'elles entrent, qu'elles reçoivent l'hospitalité. Il ne lui arrivera, ni d'en faire parade, ni de les cacher; le premier est d'un sot, le second est d'un homme craintif et pusillanime, qui semble tenir un grand bien renfermé dans son sein. Mais, comme je l'ai dit, le sage ne les chassera pas non plus de sa maison. En effet, dira-t-il, êtes-vous donc inutiles, ou bien, moi, ne sais-je point user des richesses ? Pouvant faire une route à pied, il aimera cependant mieux monter en voiture ; de même, s'il a le pouvoir d'être riche, il en aura la volonté. Sans doute, il possédera les avantages de la fortune, mais il les possédera comme des avantages légers, qui doivent s'envoler ; il ne souffrira qu'ils soient une charge, ni pour aucun autre, ni pour lui-même. Il donnera ---. Pourquoi avez-vous dressé les oreilles ? Pourquoi apprêtez-vous votre bourse ? Il donnera, soit aux gens de bien, soit à ceux qu'il pourra rendre tels. Il donnera avec une extrême circonspection, choisissant les plus dignes, en homme qui n'oublie pas qu'il faut rendre compte, aussi bien de la dépense que de la recette. Il donnera d'après des motifs justes et plausibles; car c'est au nombre des honteuses dissipations, qu'il faut compter un présent mal placé. Il aura une bourse facile à ouvrir, mais non percée, d'où il sorte beaucoup, d'où rien ne tombe.

Chapitre XXIV

On se trompe, si l'on pense que donner soit chose facile. C'est une affaire qui présente beaucoup de difficulté, si toutefois le don est un tribut payé avec réflexion, et noir pas une profusion faite au hasard et par boutade. L'un, je le préviens par un service. L'autre, je lui rends ce qu'il a fait pour moi; celui-ci, je le secours : celui-là, je le plains ; cet autre, je l'équipe, digne qu'il est de ne pas être humilié par la pauvreté, de ne pas rester assiégé par elle. Il en est à qui je ne donnerai pas, quoique telle chose leur manque ; car, lors même que j'aurais donné, il leur manquerait quelque chose. Il en est à qui j'offrirai ; il en est même à qui je ferai accepter de force. Je ne puis dans cette affaire être insouciant : jamais je ne suis plus occupé à faire des placements, que lorsque je donne. « Eh quoi dites-vous, est-ce donc afin de recouvrer ; que vous donnez ?» Bien plus ! c'est afin de ne rien perdre. Qu'un don soit déposé en un lieu tel, qu'on ne soit pas obligé de l'y reprendre, mais que de là il puisse être rendu. Qu'un bienfait soit placé comme un trésor profondément enfoui, que l'on ne doit pas retirer de terre, à moins qu'il n'y ait nécessité. Voyez la maison de l'homme riche ? Quel vaste champ cette enceinte même n'offre-t-elle pas à la bienfaisance. Car, la libé-ralité, quel est celui qui l'appelle de ce nom, dans l'intérêt seul des citoyens vêtus de la toge ? C'est aux hommes, que la nature nous ordonne d'être utiles; qu'ils soient esclaves ou libres, nés libres ou affranchis, qu'ils aient reçu la liberté selon les formes juridiques, ou dans une réunion d'amis, qu'importe ? Partout où il y a un homme, il y a place pour un bienfait. Le riche peut donc aussi ré-pandre l'argent dans l'intérieur de sa maison, et pratiquer la libéra-lité : car ce n'est point comme étant due à des hommes libres, c'est comme partant d'une âme libre, qu'elle a été ainsi nommée. Chez le sage, on ne la voit, ni se précipiter sur des gens tarés et indignes, ni jamais errer, tellement épuisée de fatigue, qu'elle ne puisse, à la rencontre d'un homme digne, couler chaque fois comme à pleins bords. Ainsi, nul motif pour que vous entendiez de travers ce que disent d'honnête, de courageux, de magnanime, ceux qui étudient la sagesse. Et d'abord, faites attention à ceci : autre est celui qui étudie la sagesse, autre celui qui déjà la possède. Le premier vous dira : « Je parle très bien; mais je roule encore dans la fange du mal. L'équité ne permet pas que vous me contrôliez d'après mon engagement pris à la lettre, quand je m'applique le plus à me faire, à me former, à m'élever au niveau d'un grand modèle. Si je suis une fois parvenu aussi loin que j'en ai conçu le projet, alors contrôlez de telle sorte, que les actions doivent répondre aux paroles. » Celui, au contraire, qui est arrivé à la perfection du bien donné à l'homme s'y prendra autrement vis-à-vis de vous, et il dira : « D'abord, vous

Chapitre XXIV

ne devez pas vous permettre de porter un jugement sur ceux qui sont meilleurs que vous. Pour moi, j'ai déjà un avantage, qui est une preuve de bien : c'est de déplaire aux méchants. Mais pour que je vous rende un compte, que je ne refuse à nul des mortels, apprenez quels articles j'y porte, et quel prix je mets à chaque chose. Les richesses, je nie qu'elles soient un bien ; car, si elles en étaient un, elles feraient des gens de bien. Cela posé, comme ce qui se rencontre chez les méchants ne saurait être un bien, je refuse ce nom aux richesses. Du reste, qu'il faille les avoir, qu'elles soient utiles, qu'elles procurent à la vie de grands avantages, j'en tombe d'accord.

Chapitre XXV

« Qu'est-ce donc ? Par quels motifs ne les compté-je point parmi les biens, et en quoi au milieu d'elles, me comporté-je autrement que vous, puisque, de part et d'autre, nous convenons qu'il faut les avoir ? Vous allez l'apprendre. Que l'on me place dans la plus opulente maison, en un lieu où l'or et l'argent servent aux usages les plus communs : je ne serai pas plus grand à mes yeux à cause de ces objets, qui, bien que chez moi, sont cependant hors de moi. Que l'on me transporte au pont Sublicius, et que l'on me jette parmi les indigents : je ne serai pas plus petit à mes yeux, pour être assis au nombre de ces gens qui tendent la main vers une chétive pièce de monnaie. Et qu'importe, en effet, si un morceau de pain manque à celui auquel ne manque pas le pouvoir de mourir ? Qu'est-ce donc ? Cette maison splendide, je la préfère au pont. Que l'on me place dans l'attirail de la splendeur, et dans l'appareil des molles délices : je ne me croirai nullement plus heureux, parce que j'aurai un petit manteau moelleux, parce que la pourpre, dans mes festins, sera étalée en riches tapis. Je ne serai nullement plus malheureux, si, tombant de lassitude, ma tête va reposer sur une botte de foin, si je couche sur la bourre, qui des matelas du Cirque s'échappe à travers les reprises d'une vieille toile. Qu'est-ce donc ? Ce que j'ai d'âme, j'aime mieux le montrer, étant vêtu de la robe prétexte, ou de la chlamyde, qu'ayant les épaules nues, ou à moitié couvertes. Que, pour moi, tous les jours s'écoulent à souhait, que de nouvelles félicitations viennent se rattacher aux précédentes ; ce ne sera pas pour cela, que je serai content de moi. Que l'on change en l'opposé cette indulgence du temps présent : que, frappée de tous côtés, mon âme ait à souffrir pertes, afflictions, assauts divers : qu'il n'y ait pas une seule heure sans quelque sujet de plainte ; pour cela, au milieu même des plus affreuses misères, je ne me dirai point misérable, je ne maudirai aucun jour ; car j'ai mis ordre à ce que, pour moi, aucun jour ne fût marqué en noir.

Qu'est-ce donc ? J'aime mieux tempérer des joies, que d'apaiser des douleurs. Voici comment te parlera, le grand Socrate : « Fais de moi le vainqueur de toutes les nations ; que le voluptueux char de Bacchus me porte triomphant jusqu'à Thèbes, depuis les lieux où le soleil se lève ; que les rois des Perses me demandent des lois : l'idée que je suis homme me sera plus présente que jamais, alors que de tous côtés, par des acclamations unanimes, on ne saluera Dieu. Que ce faîte si élevé, s'écroule par un changement subit: que je sois établi sur un brancard étranger, pour orner la pompe d'un vainqueur superbe et farouche; je ne serai point plus bas, poussé au dessous du char d'un autre, que je n'étais en me tenant debout sur le mien. » Qu'est-ce donc ? J'aime cependant mieux être vainqueur, que d'être captif. Tout l'empire de la fortune sera peu de chose à mes yeux; mais de cet empire, si le choix m'est donné, je prendrai ce qui sera plus commode. Tout ce qui m'arrivera deviendra bon ; j'aime pourtant mieux qu'il m'arrive des choses plus faciles, plus agréables, et moins rudes à manier. N'allez pas croire, en effet, qu'il existe aucune vertu sans travail; mais à certaines vertus, c'est l'aiguillon qu'il faut; à d'autres, c'est le frein. Comme le corps, dans une descente rapide, a besoin d'être retenu, et dans une montée scabreuse, a besoin d'être poussé, de même, certaines vertus marchent en descendant, d'autres gravissent la côte. Est-il douteux qu'il y ait à monter, à faire effort, à lutter, pour la patience, le courage, la persévérance, et pour toute autre vertu qui est opposée aux dures circonstances, et qui soumet la fortune ? Eh bien! n'est-il pas également clair que c'est en descendant, que vont la libéralité, la tempérance, la douceur? Dans celles-ci nous modérons l'âme, de peur qu'elle ne tombe, emportée sur la pente; dans celles-là, nous l'exhortons, nous l'excitons. Ainsi, en face de la pauvreté, nous emploierons les plus ardentes, celles qui, lorsqu'on les attaque, en deviennent plus courageuses; aux richesses, nous opposerons celles

Chapitre XXV

qui sont plus soigneuses; celles qui dans leur marche posent le pied en équilibre, et soutiennent leur poids. »

Chapitre XXVI

Cette division une fois établie, j'aime mieux, pour mon usage, ces dernières qui doivent être pratiquées plus tranquillement, que les premières dont l'essai veut du sang et des sueurs. Ce n'est donc pas inouï, dit le sage, qui vis autrement que je ne parle; c'est, vous qui entendez autrement. Le son des paroles est seul parvenu à vos oreilles; ce qu'il signifie, vous ne le cherchez pas. « Quelle diffé-rence y a-t-il donc entre moi fou et vous sage, si l'un et l'autre nous voulons avoir les richesses ? » Il y en a une très grande. En effet, chez le sage, les richesses sont dans la servitude; chez le fou, elles ont le pouvoir absolu. Le sage ne donne aucun droit aux richesses, et les richesses vous les donnent tous. Vous, comme si quelqu'un vous en avait promis l'éternelle possession, vous en contractez l'habitude, et vous faites corps avec elles. Pour le sage, le moment où il s'apprête le plus à la pauvreté, c'est le moment où il vient de prendre pied au milieu des richesses. Jamais un général ne croit assez à la paix, pour ne pas se préparer à une guerre, qui, bien qu'on ne la fasse point encore, est déclarée. Vous, une maison de belle apparence, comme si elle ne pouvait ni brûler, ni s'écrouler; vous, une opulence extraordinaire, comme si elle s'était mise au dessus de tout danger, comme si elle était trop grande pour que les coups de la fortune pussent jamais suffire à la réduire au néant, voilà ce qui vous rend tout ébahis. Sans nul souci, vous jouez avec les richesses, et vous n'en prévoyez pas le danger. Ainsi les bar-bares, qui le plus souvent sont bloqués et ne connaissent pas les machines, regardent avec indolence les travaux des assiégeants et ne comprennent, pas à quoi tendent ces ouvrages qui de loin les menacent. C'est la même chose qui vous arrive; engourdis au sein de votre avoir, vous ne songez pas combien de malheurs sont prêts à fondre de tous côtés, et pour emporter de précieuses dépouilles. Quant, au sage, quiconque lui aura ôté les richesses lui laissera tout ce qu'il possède en propre : car il vit satisfait du présent, tranquille sur l'avenir. « Rien, dit Socrate, ou quelqu'autre qui a le même droit contre les choses humaines, et le même pouvoir, rien dont je me sois plus fermement fait un principe, que de ne pas régler sur vos opinions la conduite de ma vie. Rassemblez de toutes parts vos propos accoutumés; je penserai, non pas que vous invectivez, mais que vous poussez des vagissements, comme les enfants les plus misérables. »

Voilà ce que dira l'homme qui a la sagesse en partage, l'homme auquel une âme exempte de vices ordonne de gourmander les autres, non par haine, mais pour apporter remède. Il ajoutera ce que voici : « Votre manière de voir me touche, non pour moi, mais pour vous : haïr et harceler la vertu, c'est abjurer tout espoir de salut. Vous ne me faites aucun tort, pas plus que n'en font aux dieux ces gens qui renversent les autels; mais la coupable intention est manifeste, et le projet est coupable, alors même qu'il n'a pu nuire. Vos extravagantes fantaisies, je les supporte, comme le grand Jupiter souffre les sottises des poètes : l'un d'eux lui a donné des ailes, et l'autre des cornes ; tel autre, sur la scène, l'a montré adultère, et prolongeant la nuit.

Ils en ont fait, celui-ci, un maître terrible pour les dieux, celui-là, un juge inique pour les hommes; cet autre, un corrupteur de jeunes gens bien nés qu'il a ravis, et même de ses parents; cet autre encore, un parricide et l'usurpateur du trône de son roi, de son père. Tout cela n'a rien produit : seulement, la pudeur qui empêche de mal faire était enlevée aux hommes, s'ils avaient cru que tels fussent les dieux. Mais, quoique vos propos ne me blessent en rien, c'est pour vous-mêmes cependant, que je vous avertis. Levez les yeux sur la vertu ; croyez ceux qui, après l'avoir suivie longtemps, déclarent à haute voix, qu'ils suivent quelque chose qui, de jour en jour, parait plus grand encore. Rendez honneur, à elle, comme aux dieux, à ceux qui la professent, comme aux ministres d'un culte; et chaque fois qu'il sera fait mention solennelle des livres sacrés : «Soyez attentifs». Cette formule ne signifie pas, comme la plupart des gens le pensent, que l'on réclame la faveur; mais on commande le silence, afin que la cérémonie religieuse puisse être achevée régulièrement, sans que le bruit d'aucune mauvaise parole vienne l'interrompre.

Chapitre XXVII

Il est encore bien plus nécessaire de vous le commander, à vous, afin que chaque fois qu'on prononcera quelque parole venant de cet oracle, vous écoutiez attentivement, et sans dire un mot. Lorsqu'un de ces hommes qui agitent le cistre ment par ordre supérieur, lorsqu'un de ceux qui ont l'art de se faire des entailles dans les muscles, ensanglante ses bras et ses épaules, d'une main qui n'appuie guère, lorsqu'un autre, se traînant sur les genoux à travers la voie publique, pousse des hurlements, et lorsqu'un vieillard en robe de lin, portant devant lui une branche de laurier, avec une lanterne en plein midi, vient crier à tue-tête, que quelqu'un des dieux est irrité, vous accourez en foule, vous écoutez, et nourrissant, avec un zèle réciproque, le stupide étonnement dont vous faites échange, vous affirmez que c'est un être divin. Voici que Socrate vous apparaît, du fond de cette prison qu'en y entrant il purifia, et qu'il rendit plus honnête que pas un sénat. Il vous crie d'une voix forte : « Quelle est cette frénésie ? Quelle est cette nature ennemie des dieux et des hommes ? Eh quoi! diffamer les vertus! et par de méchants discours violer les choses saintes! Si vous le pouvez, louez les gens de bien ; sinon, passez votre chemin. Que s'il vous plaît de donner carrière à cette infâme licence, ruez-vous les uns sur les autres car, lorsque c'est contre le ciel que se déchaînent vos fureurs, je dis, non pas que vous commettez un sacrilège, mais que vous perdez votre peine. Moi, je fus jadis, pour Aristophane, un sujet de raillerie : toute cette poignée de poètes burlesques répandit sur moi ses sarcasmes empoisonnés. Ma vertu fut illustrée par les moyens même que l'on employait pour l'assaillir : c'est que le grand jour et les épreuves lui conviennent. Nul ne comprend mieux combien elle est grande, que ceux qui ont senti ses forces en la provoquant. La dureté du caillou n'est mieux connue de personne, que de ceux qui le frappent. Je me présente comme un rocher, qui dans une mer semée d'écueils est laissé à découvert : les flots, de quelque côté qu'ils soient mis en mouvement, ne cessent de le battre ; mais cela ne fait pas qu'ils le déplacent, ou que par leurs attaques répétées pendant tant de siècles ils le détruisent. Donnez l'assaut, hâtez le choc : en vous supportant, je serai vainqueur. Contre les choses qui sont fermes et insurmontables, tout ce qui vient s'y attaquer n'emploie sa force, qu'à son détriment. Ainsi donc, cherchez quelque matière molle et de nature à céder, dans laquelle vos traits puissent insérer leur pointe. Mais, avez-vous bien le temps de fouiller dans les misères d'autrui, et de porter des jugements sur qui que ce soit ? Pourquoi ce philosophe est-il logé au large ? Pourquoi soupe-t-il magnifiquement ? Vous remarquez des rougeurs sur la peau des autres, étant vous-mêmes tout couverts d'ulcères. C'est comme si quelqu'un plaisantait sur les taches et les verrues des corps les plus beaux, tandis qu'une hideuse lèpre le dévore. Reprochez a Platon d'avoir recherché l'argent, à Aristote d'en avoir reçu, à Démocrite d'en avoir fait peu de cas, à Épicure de l'avoir dissipé ; à moi-même, reprochez-moi sans cesse Alcibiade et Phèdre. O vous, en vérité, vous serez au comble du bonheur, dès qu'il vous aura été donné d'imiter nos vices ! Que ne jetez-vous plutôt les yeux autour de vous ; sur vos propres maux ; qui de tous côtés vous transpercent, les uns en faisant des progrès par dehors, les autres en se déchaînant dans vos entrailles mêmes qu'ils embrasent ? Non, les choses humaines, bien que vous connaissiez peu votre situation, n'en sont pas à ce point, qu'il vous reste tant de loisir, et que pour blâmer les torts de gens meilleurs que vous, vous ayez le temps d'agiter votre langue.

Chapitre XXVIII

«Voilà ce que vous ne comprenez pas, et vous affectez des airs qui ne vont pas avec votre fortune.

Ainsi voit-on beaucoup de gens s'arrêter nonchalamment dans le cirque, ou bien au théâtre, lorsque déjà leur maison est en deuil, sans qu'ils aient reçu la nouvelle du malheur. Pour moi, qui d'en haut porte mes regards au loin, je vois quels orages, suspendus sur vos têtes, doivent un peu plus tard crever la nuée qui les recèle ; quels orages, déjà voisins, et réunis pour vous emporter vous et votre avoir, approchent plus près encore. Et quoi, d'ailleurs ? N'est-ce pas dès à présent, quoique vous le sentiez peu, un tourbillon, qui fait pirouetter vos âmes, et qui les enveloppe, occupées qu'elles sont à fuir et à rechercher les mêmes choses; un tourbillon, qui tantôt les élevant sur de hautes cimes, tantôt les brisant sur de bas écueils, les emporte avec rapidité ?»

ISBN : 978-1519795540

Sénèque le Jeune

Printed in Great Britain
by Amazon

17848918R00031